老先生請了、今日侍子趨朝、君王受賀、舊規光祿寺
排筵宴、織作坊賜文錦、俱已齊備、恭候駕臨、宇文眾
侍子禮當丹墀站立、副淨淨丑雜扮各侍子上古魯
古魯、力喇力喇、近隨漢使千堆寶、少答戎王萬疋羅、
宇文分付諸番侍子、門外候駕、各侍子下內響仗介
夜行船上引高力士旦貼扮宮女執符節上日華高
罩長明殿、繞垂旒萬里江山、五國單于三韓侍子、都
俯伏在丹墀北面、宇文蕭見介裴見介中書侍郎掌
四夷館事臣裴光庭謹奏、我王有些番國侍子篩西

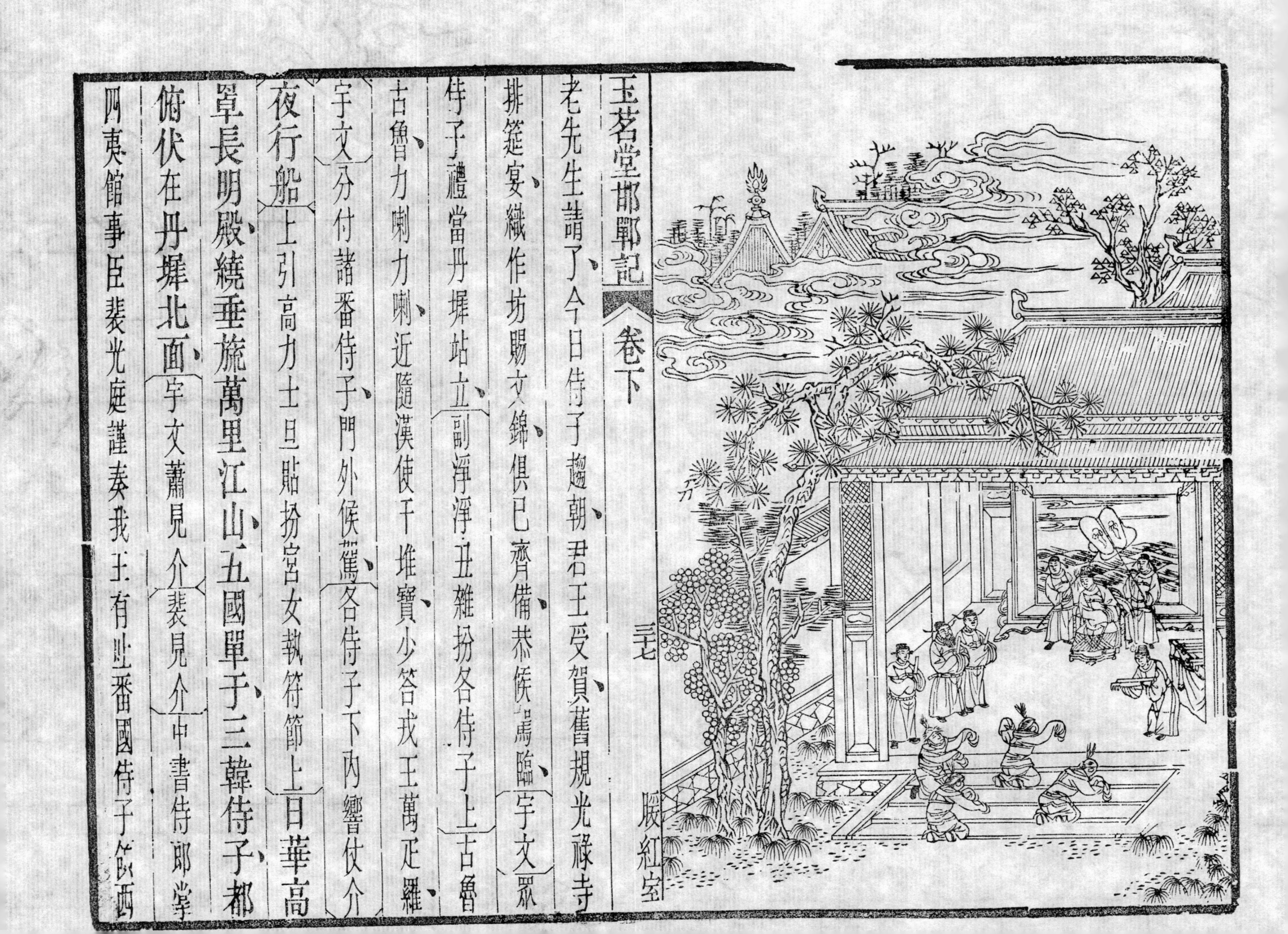

夢鳳按獨深居本原題作好事近今勘正

詞雄渾、藏曰做獅蹲象跪俯伏階前語亦佳

番諸國侍子朝見、〈高傳旨〉侍子丹墀下聽旨、〈裴呼萬歲介〉〈宇文蕭裴〉恭賀萬歲天威遠播臣等謹排御筵奏上千秋萬壽、〈進酒介〉

〈泣顏回〉花舞大唐年馨歡心太平重見、喜一天鋪滿、和風甘雨祥烟、齊天福壽聽謳歌海外來朝獻、御樓前細樂風傳玉盞內金盤露偃、〈內唱諸番侍子進酒介〉〈侍子上〉古魯古魯力喇力喇、吾乃吐番大將熱龍莽之子、俺父親當年戰敗爲盧元帥追剿危急之際、白雁題書求他播轉馬頭放條歸路書云莫教飛鳥盡留取報恩環今日遠聞盧元帥到爲咱父親之故、負罪銜冤父親不忍啟奏番王、著咱充爲侍子、領帶各番侍子來朝奏對之際辯雪其冤、報恩之環、正在此矣、今當見駕不得造次、〈衆古魯介〉俯伏呼萬歲萬歲萬萬歲叩頭起舞介

〈千秋歲〉好堯天單照著唐朝殿十二柱金龍爪齊現、疊鼓聲喧鬧單單做一字兒壽星來獻回回舞婆羅旋錦帽上花枝低顫舞紬斑斕捲做獅蹲象跪俯伏階前侍子們上天可汗萬萬歲一杯酒〈上〉勞你們國

臧曰此節度盧生與下盧生之妻照應

此處宜詳

臧曰高力士爲崔夫人獻錦亦巧

中遠來、寡人何德致此、各言其故、侍以前諸國、倚恃山川、自外王化、自經盧元帥西征、諸番震恐、方知螢火難同日光、敬遣小臣瞻天朝賀、上原來如此、豈非前節度使盧生平叫內侍、將欽賞花文錦匹唱數分給了、赴四夷館筵宴、介高唱禮介侍子朝門外領賞叩頭、侍子叩頭呼萬歲介自識天朝禮、方知將帥功、下高數錦介侍子跪聽頒錦細法真紅大百花錦四疋、緋紅天馬錦六疋、青紫飛魚錦八疋、翠鴻獅子錦十疋、八答雲雁錦二十疋、簇四金雕錦三十疋、大窩馬

打毬錦四十疋、天下樂錦五十疋、犒設紅錦一百疋、啟萬歲爺、夷人官錦、欽依散完、官錦之外、餘下一端、上取來寡人觀之、看介原來織上幾行字在上面、念介調寄菩薩蠻、梅題遠色春歸得、遲鄉瘴嶺過愁客、孤影雁回斜、峯寒逼翠紗、　窗殘拋錦室、織急還催織、錦官當夕情、啼斷望河明、還生赦泣人天望、雙成錦匹孤鸞帳、獨泣見誰憐、留人苦瘴烟、　生親還棄杼、鴛配隔河戍、遠心天未知、人道赦來時、裴跪介臣覽此詞、可以迴文讀之、念介明河望斷啼情夕、當官

錦織還催急。織室錦拋殘。窗紗逼翠寒。峯斜回雁影。孤客愁過嶺。瘴鄉遲得歸。春色遠題梅。時來赦道人知未。天心遠戍河關。配鴛杼棄還。親生烟瘴苦人。流憐誰見泣。獨帳鸞孤匹。錦成雙望天人泣。赦生還。（上）奇哉奇哉、看錦尾必有名姓、是了、外織作坊機戶臣妾清河崔氏造、進、呀、清河崔氏何人也、（裴）前征西節度使盧生之妻、（上）呀、原來盧生家口、入官爲奴、傷哉此情、可以赦之、（宇）啟上我王、盧生通番賣國、罪不容誅、（上）蕭卿以爲何如、（蕭）聽此侍子之言、盧生乃

功臣也、宇文惱介、呀、蕭嵩爲臣、反復不忠、萬歲可併誅之、（上）他如何反復不忠、（宇）論盧生本頭、有蕭嵩名字、（蕭）臣並無押花、（宇）臣袖有原本在此、呈上、（高）接本（上）覽介、平章軍國大事臣宇文融、同平章事門下侍郎臣蕭嵩謹奏、呀、是有蕭卿之名、再看奏尾、呀、蕭卿押有花字、何得推無、（蕭）此非臣之真正花押、（上）怎不是真正花押、（蕭）臣嵩表字一忠、平日奏事、花押草作一忠二字、及構陷盧生事情、宇文融預先造下連名奏本、協同臣進、臣出無奈、押此一花、暗于一字之下

忠字之上、加了兩點、是個不忠二字、見得宇文此奏、大爲不忠、非臣本意、〔宇〕萬歲、看此人賣友欺君、當得何罪、〔上怒介〕呀、宇文融與盧生同時將相、掩蔽其功、譖以大逆、欺君賣友、非融而誰、高力士、與我拿下、〔高綁宇介〕〔宇〕哎、喇這難題目輪到我做了、到頭終有報。來早與來遲。〔下〕〔上〕蕭裴二卿傳旨差官星夜欽取盧生還朝、拜爲當朝首相、妻崔氏、即時放出、復其一品夫人、仍賜官錦霞帔一襲、諸子門蔭如故、〔歎介〕寡人若非吐蕃諸侍子之言、呵、

〔衆〕這是主聖臣忠道兩全。

尾聲、十大功臣不雪的冤、且和俺疎放他滿門良賤、

〔集唐〕盆下無由見太陽。 南冠君子竄遐荒。
忽然漢詔還冠冕。 討日應隨鴛鷺行。

第二十五齣 召還

〔趙皮鞋丑扮司戶官上〕出身原在國兒監。趁食求官口帶饞。蛇羹蚌醬飽腌臢。海外的官箴過得。〔嗽〕小子崖州司戶。眞當海外天子。長夢做個高官。忽然半夜起水、好笑好笑、一個司戶

官兒怎能巴到尚書閣老地位、不想天掉下一箇盧尚書來此安置、長說他與朝廷相知、還有欽取之日、小子因此再也不難爲他、誰想上頭沒有他的路、非日接了當朝宇文丞相密旨、說他最恨的是盧尚書、叫我結果了他的性命、許我欽取還朝、不次重用、思想起來入品官做下這場方便事、討了欽取、有甚不好、今日缺官署印、盧生可來參見也、

步蟾宮【生上】喫盡了南州青橄欖、似忠臣苦帶餘甘三年憔悴甚、江潭有百十倍的帶圍清減、俺盧生有

藏曰此詩家所謂險韻也臨川此詞頗佳而起句尤

罪流配此州、州無正官便是司戶官兒署掌、也不免
過去見他。（見介）司戶先生拜揖請了、（丑惱介）呀、你是
何人、（生）長在此相見的盧生。（丑）你不說是盧生罷、盧
生流配之人、目今掌印、便是你收管衙門、不應得你
叩頭站立伺候、叫我一聲司戶、就請了去、好打、好打、
（生）誰敢、（丑）便叫牢子打哩、（眾拖生打介）（生）有何罪過
呵、（丑）還不知罪、
【紅衲襖】打你個老頭皮不向我門下參。打你個硬皷
兒不向我庭下跕。打你個蠢流民儘着嘍。打你個暗

通番該萬斬。（生）宇文融可恨可恨、（丑）宇文相公甚麼
樣好人、你也罵他、打你個罵當朝一古子的談。（生）不
要哩、朝廷有用我之時、（丑）打你個仗當今一塊子的
膽。（生笑介）（丑）打的你皮開肉綻還氣岩岩也打了呵。
還待火烙你頭皮鐵寸嵌。
【前腔】（生）我分的大朝家辯諂讒。怎到你小官司行對
勘。則道住的是狗排欄。身自躭。誰想過了鬼門關。刑
較慘。罷了罷了、既在矮簷下、怎敢不低頭、撲着口三
千段朝家事一謎的緘。搶着頭十二分你本官前再

不敢。你扌的我血淋侵達喇的痛鑱鑱也。怎再領得
起你那十指鑽鉗潑火熚。〔鐵鈆生頭、火烙生足〕介〔使
臣帶將官捧朝服上〕
〔縷縷金〕將雨露。灑烟嵐。皇宣催請急。舊新參。一點三
臺路。海風吹暗。堂堂天使此停驂。過來的鬼門站。〔丙
上報介〕天使到來、欽取宰相回朝、〔丑驚喜介〕我的宇
文老爺、小官還不曾替你幹的事、就蒙你欽取我拜
相回朝、領戴領戴、且把老頭兒監候、作接使臣、不跪
〔使問介〕是甚麼官兒不跪、〔丑〕天使來取司戶回朝拜

相、體面不跪、〔使〕咄、快起去、盧老爺那裏、〔丑〕慌取生出
介〕〔使〕盧老先生憔悴至此、有欽賜朝服、〔生〕更衣、戶慌
介、使讀詔介〕
皇帝詔曰。咨爾前征西節度使兵部尚書盧生。以朕
一時不明。陷汝三年邊障。宇文融今已伏誅。賜汝定
西侯爵邑如故。欽取還朝。尊為上相。兼掌兵權馬頭
所到。先斬後奏。欽哉。謝恩。〔使見介〕敢問老先生、到此
多年了、
〔紅芍藥〕〔生〕有三年不到朝參。雲陽市別了妻男。僥倖

煞天恩免囚檻、日南珠滿盤淚滲、沾襂、受盡熱和鹹、
纔記起風清河淡、合喜重歸相府潭潭、有的是青天
湛湛、丑自綁上請罪介那裏知朝廷真有用他之時、
宇文公、宇文公、弄得我沒上沒下的、祇得前去請死、
見介司戶小人、有眼不識太山、綁縛階前、合當萬死、
生笑介起來、此亦、世、情之、常耳、
耍孩兒是則是世間人都扯淡有的閑窺瞰也著些
兒肚子包含都不計、較、你了、自羞慚把你那絮叨叨
口業都除懺丑老爺縱饒狗命狗心不穩顛倒號令
、膀 講○哀○恕○

施行了、罷、生笑介疑惑我後來麼、大人家說過了無
欺蘸頭直上青天監丑叩頭介天、大、肚、子、的、老、爺、叩
頭、千歲千千歲、生君命召、就此起行了、副淨淨扮黑
鬼二人上黑鬼們來送老爺、生勞苦你三年了、
會河陽地圻底走過瓊崖萬儋、謝你鬼門關口來相
探、丑地方要起老爺生祠千年萬載、生要立生祠立
在、他、狗、排、欄、之、上、生受他、留我、住、站、我魂、夢遊、海、南、
把名、字、他、硐、房、嵌、司戶、我去後、好看覷黑鬼、要他、黑
爺兒、穩、著、那、樵、歌、擔、蛋、夫、妻、穩、著、那、魚、船、纜、我去也、

行介

【紅繡鞋】皇宣一紙鸞械鸞械車塵馬足趁趲趁趲笑奸貪枉愚濫把時情撼皇恩感烏頭蘸舊朝簪

【尾聲】讒痕妬跡無沾嵌向鳳凰池洗淨征衫今後呵海外山川長則是畫屏風邊際覽

（生）海外流人去　朝中宰相歸

（小生）舉頭紅日近　（丑）回首白雲低

第二十六齣　雜慶

【大迓鼓】副淨扮工部大使上　小官工作塲功臣甲第

蓋造牌坊魯班墨綫千年樣高閣樓臺金玉裝（合）賞犒無邊願他官高壽長自家工部營繕所一箇大使奉旨蓋造盧老爺大功臣坊勅書閣寶翰樓醉錦堂翠華臺湖山海子約二十八所各工奏完盧府賞銀三千錠花酒不計其數好氣概也（唱）前合

【前腔】淨扮廐馬大使上　小官羣牧坊功臣賜馬夜白飛黃方圓肥瘦都停當穩稱他一路鳴珂裊袖香（合）前學生飛龍廐一箇管馬大使萬歲爺御樓上見盧府各位公子朝馬肥瘦不一詔選內廐馬三十匹送

到盧府乘坐、蒙盧府賞我大使官一秤馬號金、押馬
的九十餘人、人賞金錢一百貫、好不與也、唱前合
前腔末扮戸部大使上小官冊籍郎、為功臣田土詔
撥皇莊、山田水碓何為廣、更有金谷名園勝洛陽、合
前小子戸部黄冊庫大使、奉旨賷送欽賜田園數目、
田三萬頃、園林二十一所、送到盧府、蒙賞契尾錢一
萬緡、好利市也、唱前合
前腔丑扮樂官緑衣花帽上小官內教坊、要功臣行
樂、賜與糟糠、內遷龜婆都去了、樂偷賣了一箇粉頭、

老婆替哩、吹彈歌舞都停當、只怕夫人是箇喫醋王、
合前賤子是新襲職的龜官兒、萬歲爺賜功臣女樂、
欽撥仙音院二十四名、以按二十四氣、蒙禮部裴老
爺差委送去盧府、女妓都留著用、賞賤子研光插花
帽一頂、百花衣一件、金錢一十貫、好不與也、唱前合
賞犒無邊、願他官高壽長、與前三官見介樂三位先
生唱偌、衆惱介反了、反了、臭龜官敢來唱偌、樂你官
多大、衆便不大、也是一考三年、三考九年、朝廷大選、
六品、行頭、出去、為民之父、母、你何等樣、開口唱偌、打

〔介〕也罷、不要打他、瞧他、家、小、娘、兒、去、〔樂〕老先、老先、我家小娘、連娘都牽在盧府去了、〔眾〕這等、權把你當小娘、唱箇小曲兒、唱的好便罷、不然、呈告禮部堂上、打碎、你、的、殼、〔樂〕也罷、便做小娘、唱箇銀鈕絲兒、〔唱介〕愛的是奴家〔旦〕一貌如花、親親姊妹送盧家、好奢華、獨自轉回、荷風吹了綠帽紗、斜簪一朶花、小攢金袖韈靴兒乍、撞著嘴脣皮、瘡癩臭冤家、把咱背克喇鑽通鬭不著、也他、我的外郎夫呵、喇龜兒我龜兒喇、〔眾〕唱的好、再唱、再唱、〔樂〕罷了、〔眾〕諢〔介〕〔內〕響道〔介〕〔眾〕大老爺下

朝房了、走走、走走、正是人逢開口笑、花插滿頭歸、〔下〕

第二十七齣　極欲

感皇恩〔旦鳳冠紅過肩引末扮院子上〕依舊老平章、平沙隄上、宴罷千官擁門望、歸來袍袖、長是御鑪烟颺、皇恩深幾許、如天廣、〔末〕御宿田園、御書樓牓、御樂仙音整排當、〔旦〕滿牀簪笏、盡是綺羅生長、年光休去也、留清賞、〔集句〕遙見飛塵入建章、紅英撲地滿筵香、誰知不向邊城苦、爲報先開白玉堂、相公自嶺海歸來、二十年當朝首相、今日進封趙國公、食邑九千戶、

鈸明

官加上相國太師先蔭兒男一齊陞改長子傳翰林侍讀學士次子倜吏部考功郎三子儉殿中侍御史四子位黃門給事中這梅香伏侍相公也養下一子叫做盧倚因他年小掛選尚寶司丞孫子十餘人都著送監讀書恩榮至矣幾日前孩子侍宴御樓之上萬歲爺憑欄望見我家朝馬肥瘦不齊即便選賜御馬三十匹宴罷之際聞得老相公家中少用女樂即便分撥仙音院女樂二十四名以應二十四氣又賜田園樓館形勝非常此時相公出朝我教排設家宴

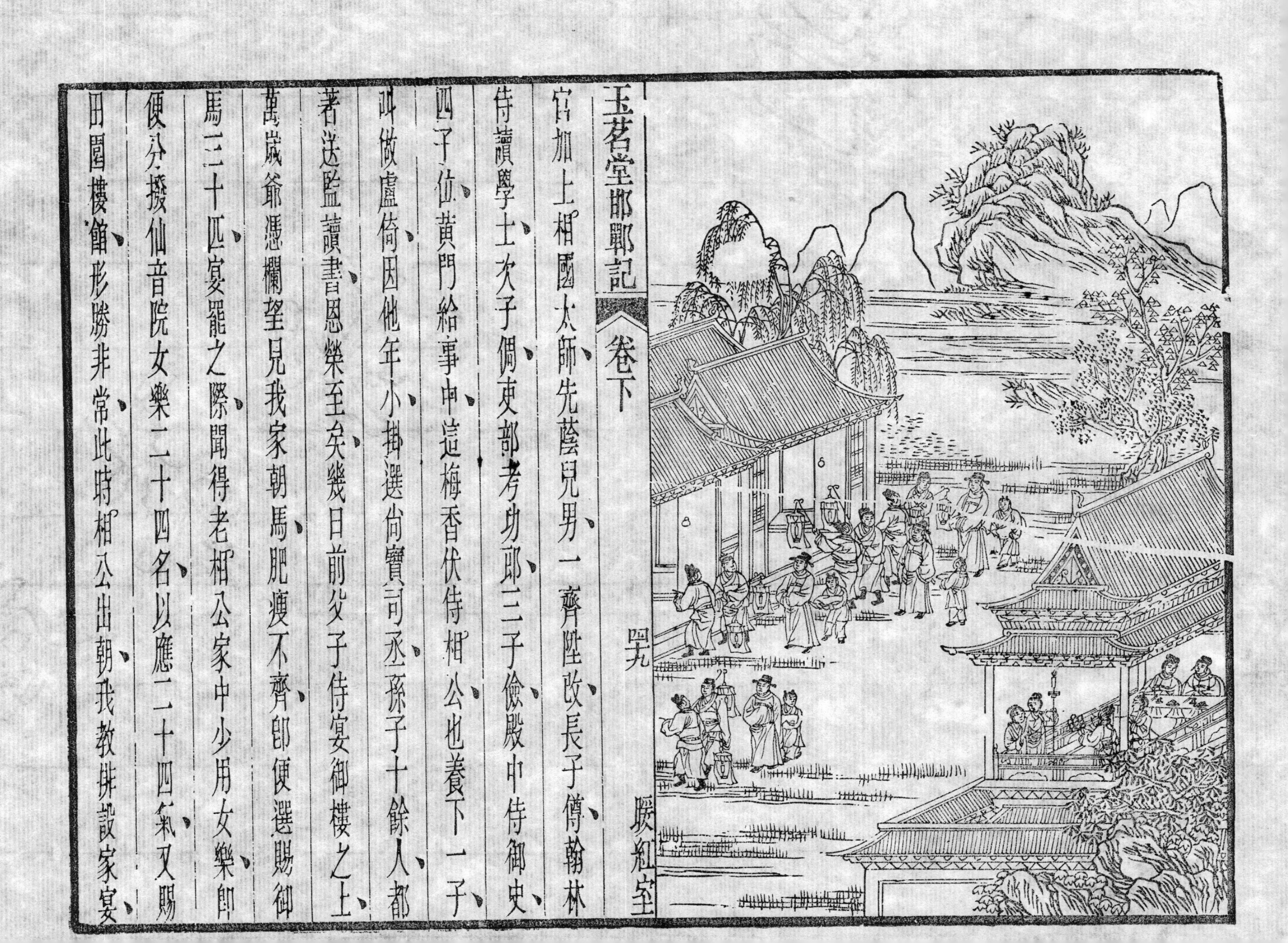

臧曰此南北詞見散套小扇輕羅本楊花腔也然傳奇中用此調亦自悅耳

想俱整齊、相公早到、生幞頭過肩外隨後末堂候捧笏淨丑執棍擁上 向曉入金門、侍宴龍樓下、身惹御爐烟、歸來明月夜、我盧生出將入相五十餘年、今進封趙國公、食邑九千戶、四子盡陞華要、禮絕百寮之上、盛在一門之中、侍宴方闌、下朝歸府、不免緩步而
賓相口
行、

中呂粉蝶兒 錦繡全唐、真乃是錦繡全唐、鬧堂飧偏醉上我頭廳宰相、有那些件飲班行壓沙隄歸輭馬、是我到有些美懷佳量、轉東華鶩著我庭堂、又逼札

的我那夫人酬唱、見介夫人恭喜了、進封為趙國夫人、侍宴而歸、不覺梨花月上、旦上妾因御賜樓臺幾所、因此開紅妝宴上翠華樓陪公相盡通宵之興、生少待少待、你四箇兒子都擺著一路頭踏鳴珂珮玉而回、末貼老旦副淨扮四公子冠帶紅袍上 我兄弟們同日陞廕、拜見老爺老夫人去、見禮介 禮樂衣冠地、文章富貴家、南山開壽域、東海溢流霞、爹娘在上、容孩兒們敬上一杯賀酒、進酒介

泣顏回 列桂捧瓊觴、滿冠蓋青雲成浪、穿朝入苑、無

段段用箇不知是不知起覔白疵病

臧曰盧生見教坊女何作此頭巾語蓋臨川借諷近來道學先生能勘破而不能怒者

非戚畹宮牆、老爺你把朝堂穩坐一家兒門戶山河壯保蒼生你大古裏馳名荷皇封小的兒沾賞【旦】院子請官兒堂下飲酒、【四子跪介】稟老爺老夫人、兒子荷爹娘福庇新受皇恩、各衙門俱有公宴【生】正是衙門公宴、不可遲遲、【四子打躬退介】暫赴鴛行席長趨燕喜堂、【下】內作樂生歎美介【旦】老公相不知、此乃皇恩頒賜女樂二十四名、按二十四氣吹彈歌舞可謂妙矣、【生】哎喲、我只道是家常雅樂、原來教坊之女、咱人不可近他、【旦】怎生不可近他、【生】尋常女子、有色無聲、名爲啞色、其次有聲而未必有色、能舞而未必能歌、只有教坊之女、攬箏琶、舞霓裳、喬合笙、大迓鼓、醉羅歌、調笑令、但是標情奪趣、他所事皆知、所以君子可視也、不可陷也、(故爲不通)可棄也、不可往也、且其幼色取自鮮妍、更兼假母教其精細、容止則光風霽月、應對則流水行雲、加之粉則太白、加之朱則太赤、高一分則太長、低一分則太短、詩家說道、月出皎兮、美人了兮、巧笑倩兮、美目盼兮、那一盼、你道是甚麼盼、把你的心都搖去了、那一笑、你道是甚麼笑、把人那魂都笑

露箇大色
藏曰唱一箇殘夢到黃粱可謂黃絹幼婦

倒了、故曰皓齒蛾眉、乃伐性之斧、鶯聲燕語乃叫命之梟、細唾黏津、乃腐腸之藥、翻牀跳席乃靡瘦之機、老子曰、五色令人目盲、五音令人耳聾、所以小人戒色須戒其足、君子戒色須戒其目、相似這等女樂、嗜人再也不可近他、（旦）這等公相可謂道學之士、何不寫一奏本送還朝廷便了。（生笑介）這卻有所不可、禮云不敢虛君之賜、所謂卻之不恭、受之惶愧了、（旦）公相聽你說白一篇、到就誤了幾箇曲兒、叫女樂近前、勸公相酒、（女樂叩頭介）（生）你們都是奉旨來的、請起

請起、唱的唱、舞的舞、

（上小樓）（樂）我則望仙樓排下這內家妝、步寒宮出落的紫霞裳、一箇箇清歌妙舞世上無雙、把紅牙兒撒鬨、羯鼓兒繃邦、間的是吉琤琤銀雁兒打的么絃嘹吸、烏烏洞簫聲悠漾、把我這截雲霄不住的歌喉放、唱一箇殘夢到黃粱、（生）怎說起黃粱（無此句更妙）（眾）不是唱一箇殘韻繞虹梁、

（泣顏回）（生）軒昂氣色滿華堂、立宮花濟楚珠珮玲瓏、謝夫人賢達、許金釵十二成行、插花筵畔、捧蓮杯笑

行旦云自體上不知消長自有夫妻為計事亦參商耶

夢鳳按獨深居本原題作黃龍滾犯葉譜作鬬鵪鶉上批少第六句茲從臧本添入且疊紅生生翠袖雙扶、句查臧本並未添第六句亦不疊紅生生一句葉譜係依大成譜第三體合套格今從葉譜

臧曰脆設設的肝腸一蹬兀人語也

夢鳳按原題作撲燈蛾犯今從葉譜去犯字

立嬌模樣、早飧他鳳髓龍肝、卻沾承黛綠蛾黃、【旦】啟相公得知、還有酒在翠華樓、為今夜暖樓之宴、【生】賢德夫人也、淡月籠雲、玉階之上、可以玩賞、侍女們燃百十枝絳紗燈、細樂導引、我與夫人、緩步遊賞一回、【淨丑扮侍女提燈上導細樂行介】

【鬬鵪鶉】踢蕩蕩的蹬道三條、滴溜溜的平川一掌、藹溶溶的淡月長空、高簇簇的紗籠翠晃、抵多少銀燭朝天紫陌長、俺可也豪興醉徜徉、【作笑跌介】待不笑呵、不是他紅生生翠袖雙扶、紅生生翠袖雙扶、把我

脆【打油語】設設的肝腸一蹬、【內奏樂笑聲道響介】【生】前面幾十對紗燈、響道問是誰家、【眾問介】【內應介】便是我家四位官兒宴歸私宅、【生笑介】好人家也、前邊翠華樓了、

【撲燈蛾】靄青青烟裊袖爐香、廝琅琅落花御溝漾、唧喳喳晚風飄細樂、齊忽忽千步廊回向、高豔豔的金牌玉榜、轉幽幽粉樓下垂楊、密札札雕檐畫戟、雄赳赳有笑天獅門外滾毬場、【到介】【旦】公相、你看翠華樓前面、欽賜碧蓮湖三二十六景、【生】真乃神仙景致、女樂

們扶我與夫人上樓去〔上介〕〔生〕大觥灑酒來與夫人痛飲

夢鳳按獨深居本原題作上小樓犯誤今改正

【上小樓】〔生〕展嵬嵬登了閣砌臻臻遊了房真乃是倚著紅雲踏著紅蓮逗著紅妝〔旦〕老爺請酒〔做酒釃濕袖介〕〔生〕笑的來酒影花枝酒搖燈暈酒生袍浪越顯的這風清也似月朗〔旦〕高樓良夜相公可以盡懷〔女樂爭持生介〕〔生〕聽我分付今夜便在樓中派定此樓分爲二十四房每房門上掛一盞絳紗燈爲號待我遊歇一處本房收了紗燈餘房以次收燈就寢倘有高興兩人三人臨期聽用〔樂笑應介〕

夢鳳按獨深居本原題作疊字犯大誤而此曲雖南語自來歌者作北調且字句參差不一又非一體

【撲燈蛾】拍拍紅喧翠嚷匝匝深情意廣沈沈的玉漏稀娟娟的風露涼悉悉的悉喇宿鳥兒湖上閃閃開紅紗繡窗一箇箇待枕席生香落落滔滔取情兒玩賞〔笑介〕笑人生幾百歲醉煞錦雲鄉〔旦〕夜闌了公相將息貴體〔生〕夫人吾今可謂得意之極矣

【尾聲】論功名爲將相也是六十載擎天架海梁夫人向後呵我則把這富貴榮華和喒慢慢的享

美景天將錦繡開　昇平元老醉金杯

臓[illegible]長好是
精神如畫語
往.

夜夜笙歌歸院落、朝朝燈火下樓臺、

第二十八齣 友歎

掛真兒 蕭引淨雜執棍上 生意盡憑黃閣下、歎元寮病染霜華、紫禁烟花玉堂風月、長好是精神如畫、故交君獨在、又欲與君離、我有新愁淚、非關秋氣悲、下官蕭嵩、忝同平章事、有首相盧老先生、乃同年至交、年今八十有餘、忽然一病三月、重大事機、詔就牀前請決、皇上恩禮異常、至遣禮部官各宮觀建醮禳保、那禮部堂上是裴年兄、上香而回、必然到此

臧曰此皆尋常語以作曲便入三昧

臧曰喜年兄大拜在即句非熟於世故者不能爲也

番卜算（裴引丑雜執棍上）元老病能痊、聖主心縈掛、見介（蕭）年兄、這一番祈禱是如何要作從長話（年兄盧老先生平日精神甚好、因何一病纏綿）

風入松（裴）略知元老病根芽、說起一塲新話、（蕭）是閣中機務所勞、（裴）非關閣下傷勞雜、是房中有些兒兜答、（蕭）呀難道盧老先生此時還有這話、（裴）好採戰說長生事大皇恩賜女嬌娃、（蕭）有這等的事、老夫人怎不阻他、（裴）都道彭祖年高八百、也用採女之術、

前腔（蕭）老年人似紙烘殘蠟能禁幾陣風花千年彭

祖今亡化顛倒著折本生涯、（裴）盧年兄富貴已極止想長生一路了、（蕭）便是論吾儕都是入句上下遲和早幾爭差、盧老先生既有此失勢必蹺蹊且喜年兄大拜在即了、（裴）不敢

（蕭）病到調元老　朝家少國醫、
（裴）忙餘一枝樹　留與後來棲、

第二十九齣 生寤

金蕉葉（旦愁容上）愁長恨長天樣大門庭怎放就其間有話難詳天天天怎的我老相公一時無恙、事不

藏曰余見坊本有評採戰者專以他人死活圖自己富貴此語良是

夢話

三思終有後悔我老相公夫婦齊眉極富極貴年過八十五子十孫此亦人間至樂矣以前祇是幾箇丫鬟勸酒老身時時照管不至疎虞近因皇帝老兒没緣没故送下幾箇教坊中人歌舞吹彈則道他老人家飲酒作樂而已誰想聽了箇官兒他希求進用獻了箇採戰之術三月以前偶然一失因而一病蹺蹊所仗聖眷轉深又分遣禮部官於各宮觀建醮祈禱王公國戚以次上香「可謂得君之至矣祇恐福過災生」未肯天從人願天呵不敢望他百歲活到九十九也

多

臧曰丹青易老舟楫難藏入詞則佳入曲便迂矣

臧曰盧生到爾時方追想前事盡人情也命值着簸箕無狀句尤佳

罷了。（末扮大兒子走上報介）老夫人、老夫人、老爺不好了、分付請他出堂而坐、

【小蓬萊】（旦同貼扮梅香引末扮堂候官貼老旦副淨扮公子扶生病容上）八十身爲將相、如今幾刻時光。○漸○證○來○猛然惆悵、丹青易老、舟楫難藏、（集唐）將相兼權似武侯、誰人背向死前休、臨階一盞悲春酒、閑花滿地愁、夫人、我病勢沈沈、精魂散亂、多應罷了、思想當初孤苦一身、與夫人相遇、登科及第、掌握絲綸、出典大州、入參機務、一竄嶺表、再登臺輔、出入中外、迴旋

臺閣五十餘年、前後恩賜子孫官蔭、甲第田園、佳人名馬、不可勝數、貴盛赫然、舉朝無比、聖恩未報、一病郎當、夫人、我和你以前歷過酸辛、兒子都不知道、豈知我八十而終、皆天賜也、

【勝如花】寒窗苦滯、選塲瘦田中蹇驢來往、猛然間撞入卿門、平白地天門看榜、命直著簸箕無狀、手爬沙去開河運糧、手提刀去胡沙戰塲、險些兒劍死雲陽、貶炎方受瘴、又富貴八旬之上、（合）算從前勞役驚傷、到如今疾病災殃、（旦）老公相、你此病雖然天數、也是

臧曰爲朝廷二句佳

雜慶極欲二齣極摹得意之狀此白亦然繁而不厭

臧曰相公之尊如此故不至此不去位亦醒世之語

自取其然、八十歲、老人家、怎生、採戰、採戰那、【生惱介】採戰、
採戰、我也（背）則是圖些壽算看護子孫難道是瞞著你、
取樂、
【前腔】【旦】你年過邁、自忖量、說採戰混元修養爲朝廷
燮理陰陽（名言）自體上不知消長這一病可能停當老公
相平安罷了、有些差池就要那（背）二十四箇丫頭償命
【生惱介】少道、少道、【衆子】老夫人言詞太搶老相公尊
性兒斷強、俺孝順兒郎、爹爹揀口兒噌盡情供養【生】
不想喫呵、【衆子】這等有湯藥在此、【跪進藥介】【生】嘗了藥

進些無恙【生惱介】這還喫甚藥、【合前】【丑】扮院子上報介
報、報、報閣下裴老爺蕭老爺問安到堂【旦】怎生相待、
【生】長兒子答應去你說有勞、蕭叔叔、裴叔叔、晚些下
朝、請來有話、【長兒子應介】【丑】又上介公侯駙馬伯、
各位老皇親問安到堂、【生】次兒子答應去這都是四
門親家、說有勞了、容病起叩謝、【次兒子應介】【丑】又
上介五府六部都通大堂上官共八十員名稟帖問
安到堂、【生】三的兒答應去你說有勞了、【三兒子應介】
下【丑】又上介小九卿堂上官共一百八十員名腳色、

問安到堂、生第四的答應去、你說知道了、四兒子應
介下丑又上介合京大小各衙門官、三千七百員具
連名手本問安、門外伺候、生堂候官分付、都知道了、
堂候應介下丑又上介報、報、報、萬歲爺、欽差高公公
領了御醫來到、旦慌介生快取冠帶加身、夫人接旨、
滴溜子高引外扮祗從執棍帶、淨扮御醫上驃騎的、
驃騎的、駕前排、當領聖旨、御醫前往、直到平章宅上、
俺病患有干係、無虛誑、俺比他富貴無聊、他百寮之〔說得妙〕
上。到介聖旨到、跪聽宣讀、詔曰、卿以俊德作朕元輔、

出雄藩、服入贊緝熙、昇平二紀、寔卿是賴、比因疾累、
日謂痊除、豈遽沈頓、良深憫默、今遣驃騎大將軍高
力士就第省候、卿其勉加鍼灸、爲朕自愛、深冀無妄
期於有喜、謝恩、旦謝恩起介生老公公、學生多蒙聖
恩、有勞貴步、何以爲報、高宮監事煩、不得頻來看望、
老先生、萬歲爺甚是懸掛、以前雖遣中使時常問安、
還不放心、以此特差本監、領這御醫、視藥調膳、叫你
千萬寬養、以副眷懷、且着御醫診視、診脈介
榴花泣石榴花御貴人抬手、指下細端詳、手背上汗乜

陽呀魚遊雀啄去伴伴【回泣顏】喜心經有脈絃長老爺

下官太素脈最精老爺心脈洪大眼下有加官蔭子

之喜下官不勝欣賀【生笑介】難道難道【御背向高介】

盧老爺脈息欠好了魂飛散揚爭些兒要得身亡喪

【高哭介】可憐盧老先幾十載裏外同心霎時間形影

分張【御】老爺容下官處方呈上可憐醫國手空費藥

籠心【下】【生】老公公俺高年重病醫療多難頂戴皇恩

沒身無報

【前腔】書生何德毫髮聖恩光垂老病賜仙方微臣要

掙挫做姜公望八旬外恁的郎當老公公老臣不能

下牀祇在枕頭上叩首謝恩了【上】三叩首介萬歲萬歲

萬萬歲天恩敢忘願來生做鬼也向丹墀傍老公公

蕭裴二公雖係同年同官還仗老公公青目【高】這是

交情在前了【生】要緊一事俺六十年勤勞功績老公公

公所知怕身後蕭裴二公總裁國史編載不全【高】這

箇朝家自有功勞簿逐一比對誰敢遺漏【生】保家門

全仗高公紀功勞借重同堂【生】請問老公公身後加

官贈謚何如【高】自有聖旨不必掛心踏去也【生哭介】

擬人身後討一一描出

臧曰盧生叮囑高公者至再臨別後爲盧倚討廕襲愛幼子乃爾可謂描寫人情曲盡

臧曰大臣怨死草遺表亦中時弊名根太重

哎喲、還有話。老夫有箇孽生之子盧倚、年小、叫來拜了公公。（小生扮小公子出拜介）好箇公公。好箇公公。公公青目你孫子些兒。（生笑介）孩子到賊哩。（高）小哥注選尚寶中書了、（生）本爵止敘邊功。還有河功未敘。意欲和這小的兒再討箇小小廕襲。望公公生持。（高）謹記在心、不敢久停了、（生叩頭哭介）千歲奏知聖上。老臣再不能勾瞻天仰聖了。（哭介）（高）要知忍死求恩澤、且盡餘生答聖明。（下）（生）哎喲哎喲、我汗珠兒滾下來了、繇筋寸骨都是疼的、好冷好冷哩、是了、這叫做

風刀解體、誰替的我呵、叫大兒子將文房四寶掃席焚香、待我寫下遺表、謝了朝廷、便死瞑目矣。（旦）公相不煩自寫、（生）你不知俺的字是鍾繇法帖、皇上最所愛重、俺寫下一通、也留與大唐家作鎮世之寶、（長兒上）老爺文園病還留封禪書、焚香在此、老爺草表、（生叩頭旦扶頭正衣冠寫介）

（急板令）盡餘生丹心注香、盼階前斜陽寸光、呀、手戰寫不得罷了、起箇草兒子代書、待親題奏章、待親題奏章、俺戰戰兢兢、寫不成行、你整整齊齊、記了休忘

總曰窮富貴在何方此語非到盡頭不能悟也

每每於歇手時偏打起精神做箇到頭周匝吾服臨川力大

一不是精神融會處覽不知初

長歎落筆介合從今後大古裏分張窮富貴在何方
生短氣介不要睡噪大兒子念表文俺聽長兒念介
臣本山東書生以田園為娛偶逢聖運得列官序過
蒙榮獎特受鴻私出擁旌鉞入升鼎輔周旋中外綿
歷歲年有忝恩造無裨聖化負乘致寇履薄臨兢日
極一日不知老之將至今年八十餘位歷三公鐘漏
並歇筋骸俱敝彌留沈困殆將溘盡顧無誠效上答
休明空負深恩永辭聖代臣無任感戀之至謹奉表
稱謝以聞生是了俺氣盡之後端正寫了奏上夫人

你和俺解了朝衣朝冠收在容堂之上永遠與子孫
觀看換舊衣巾歎介人生到此足矣呀怎生俺眼光
都落了俺去了也死向舊睡處倒介眾哭介
前腔老天天把相公命亡老爺爺俺天公壽喪且立
起容堂且立起容堂把一品夫人哭在中央列位官似○真○
似○誰生哭在邊傍合前眾哭介旦暗去生鬚拍生背哭介
盧郎好醒呵下生作驚醒看介吱喲好一身冷汗夫
人那裏丑扮前店主上甚麼夫人生叫介盧傳盧倜
盧儉盧位小的盧倚呢咳都在那裏去了丑叫誰那

猶然夢境

臧曰凡戲唱田難表白亦不易此生丑非得肯綮者不能佳也

臧曰此另起調須用細腔子受做以下五曲亦佳

臧曰盧生不爲此疑何由得悟故道人待唱後上問甚得做法

生我的兒子、丑你有幾箇兒子那、生五箇哩、咳都往前面勅書閣寳翰樓耍子、丑便衹是小店、内驢鳴介生三十匹御賜的名馬可餵些料、丑衹一箇蹇驢在放屁、生呵我脱下了朝衣朝冠、丑破羊裘在身上、生嗄、好怪好怪、連我白鬚鬍子那裏去了、看介你是誰、不是崔家院公麽、丑甚麽崔家院公趙州橋店小二賣黄粱飯你喫哩、生想介是哩飯熟了麽、丑還饒一把火兒、生起介有這等事、

二郎神難酬想眼根根前不盡的繁華相當初是打從

這枕兒裏去、提枕介枕兒内有路分明留去向向其間打滚影兒歴歴端端詳難道這一星星都是謊怎教人不護着這枕兒心怏、歎介忽突帳六十年光景熟不的半箸黄粱、呂上笑介山静似太古日長如小年盧生睡的可得意麽、生老翁太奇太奇、俺一徑的搶中了唐家狀元替唐天子開了三百里河路打過了一千里邊關哩、呂笑介喚多少功勞、生老翁不知小生也不敢訴聞您大功勞、還聽箇讒臣宇文丞相之言賜斬雲陽都市喜得妻兒哭救遠竄嶺南直走到

臧曰此際尋思得意何在二語題醒盧郎一生矣

語語醒鬆

昔人謂龍泉子志寧作水仙子末句云早難道水米無交此乃張打油乞化出門語也然未可槪論

不是點醒是毒罵

臧曰今人醒後便知是夢

崖州鬼門關外〔呂〕僥倖僥倖後來〔生〕後來有得蕭裴一位年兄辯救欽取還朝依舊拜爲首相金屋名園歌兒舞女不計其數親戚俱是王侯子孫無非恩廕仕宦五十餘年整整的活到八十多歲〔呂〕你說大丈夫當建功樹名出將入相列鼎而食選聲而聽使宗族茂盛而家用肥饒然後可言得意如子所遇豈不然乎此際尋思得意何在〔生想介〕便是呢黃粱飯好香也〔呂〕子方列鼎而食希罕此黃粱飯乎

〔玉鶯啼〕〔玉胞肚〕你堂餐多飽鼻尖頭還新厨飯香〔生〕黃

粱恁般難熟〔呂〕這黃粱是水火勻當好枕兒邊問你那崔氏糟糠〔鶯啼序〕可還挑黃粱半箸與你那兒郎豢養〔生想介〕好多時候哩〔呂笑介〕終不然水米無交早滾熟了山河半晌你休迷想怎不把來時路玉真重訪〔生笑介〕老翁教我把玉真重訪難道來時路還在這枕根裏再看枕歎介咳枕兒枕兒你把我盧生有家難奔有國難投別的罷了則可惜俺那幾箇官生（罵○世）兒子呵〔呂笑介〕你那兒子難道是你養的〔生〕誰養的〔呂〕是那店中雞兒狗兒變的〔生〕咳明明的有妻淸河

盧生既有仙骨何猶戀戀妻子乎

大徹大悟數語足了一部楞嚴

夢鳳按獨深居本原題簇御林今從葉譜

幾於無法可說

崔氏坐堂招夫【呂】便是崔氏也是你那時下青驢變的盧配馬爲驢【生想介】這等一輩兒君王臣宰從何而來【呂】都是妄想遊魂參成世界【生歎介】老翁老翁盧生如今醒悟了人生眷屬亦猶是耳豈有真實相乎其間寵辱之數得喪之理生死之情盡知之矣

御林鶯【簇御林】風流帳難算場死生情空跳浪埋頭午夢人胡撞【黃鶯兒】剛等得花陰過窗雞聲過牆說甚麼張燈喫飯纔停當罷了功名身外事俺都不去料理他祇拜了師父罷【罷拜介】似黃粱浮生稊米都付與滾鍋湯

啄木兒【呂】成鸞悅忒遽忙敲破了枕函我也無伎倆你拜了我便要跟我雲遊了【生】便跟師父雲遊去【呂】求道之人草衣木食露宿風餐你做功臣的人（敲擊）怎生享用的【生】師父又取笑了【呂】還一件徒弟有參差的所在師父當頭拄杖就打死了眉也不許皺一皺【生】弟子雲陽市上都不曾皺（機）箇眉怎怕（鋒）的師父打【呂笑介】你雖然寐語星星怕猛然間舊夢遊揚【生】白日青天還做甚麼夢也師父【呂】你果然比黃虀苦辣能供

養比餐刀痛澀能回向。也還要請箇盟證先生和你

議久長。（生）便隨師父尋箇證盟師去、

滴溜子 跟師父跟師父山悠水長、那證盟的證盟的、

他何人那方、不離了邯鄲道上、一匝眼煑黃粱鍋未

響、六十載光陰、唱好是忙、

尾聲 俺識破了去求仙日夜忙、師父證盟師在那裏、

（呂）有箇小庵兒喚做蓬萊方丈、（生）這等快行快行、（丑）

黃粱飯熟可喫了去、（生）罷了罷了、待你熟黃粱又把

俺那一枕遊仙擔誤的廣、（下）（丑）好笑、補好笑、一箇活神

仙度了、盧秀才去了、

玉茗堂邯鄲記 卷下　　卆七　　暖紅室

生死長安道、　邯鄲正午炊、

早知燈是火、　飯熟幾多時、

第三十齣　合仙

清江引（末扮鍾離上）漢鍾離半老有神仙分、道貌生

來坌。（末扮曹國舅上）那雖然國舅親富貴做尋常論、

（合）世上人不學仙真是蠢。

前腔（丑扮李鐵拐上）這拐兒是我出海撩雲棍。一步

步把蓬萊寸。（貼扮藍采和上）高歌踏踏春。爨弄的隨

時諢。合前

前腔 小生扮韓湘子上 小韓湘會造逡巡醞。把頃刻花題韻。旦扮何仙姑上 我笊篱兒漏洩春。撈不上的閒愁悶。合前 眾仙起手介 何笑介 鍾離公著你高徒洞賓子奉東華道旨。下界度引真仙。還不見到。好悶人也。呂打何介 啐。做仙姑還有的想。我一拐打斷你笊篱根。漢笑介 大家蟠桃花下走跳去。漢鍾離到老梳了髻。曹國舅帶醉舞朝衣。李孔目拄著拐打磕睡。何仙姑拈著鍼補笊篱。藍采和海山充樂探。韓湘子

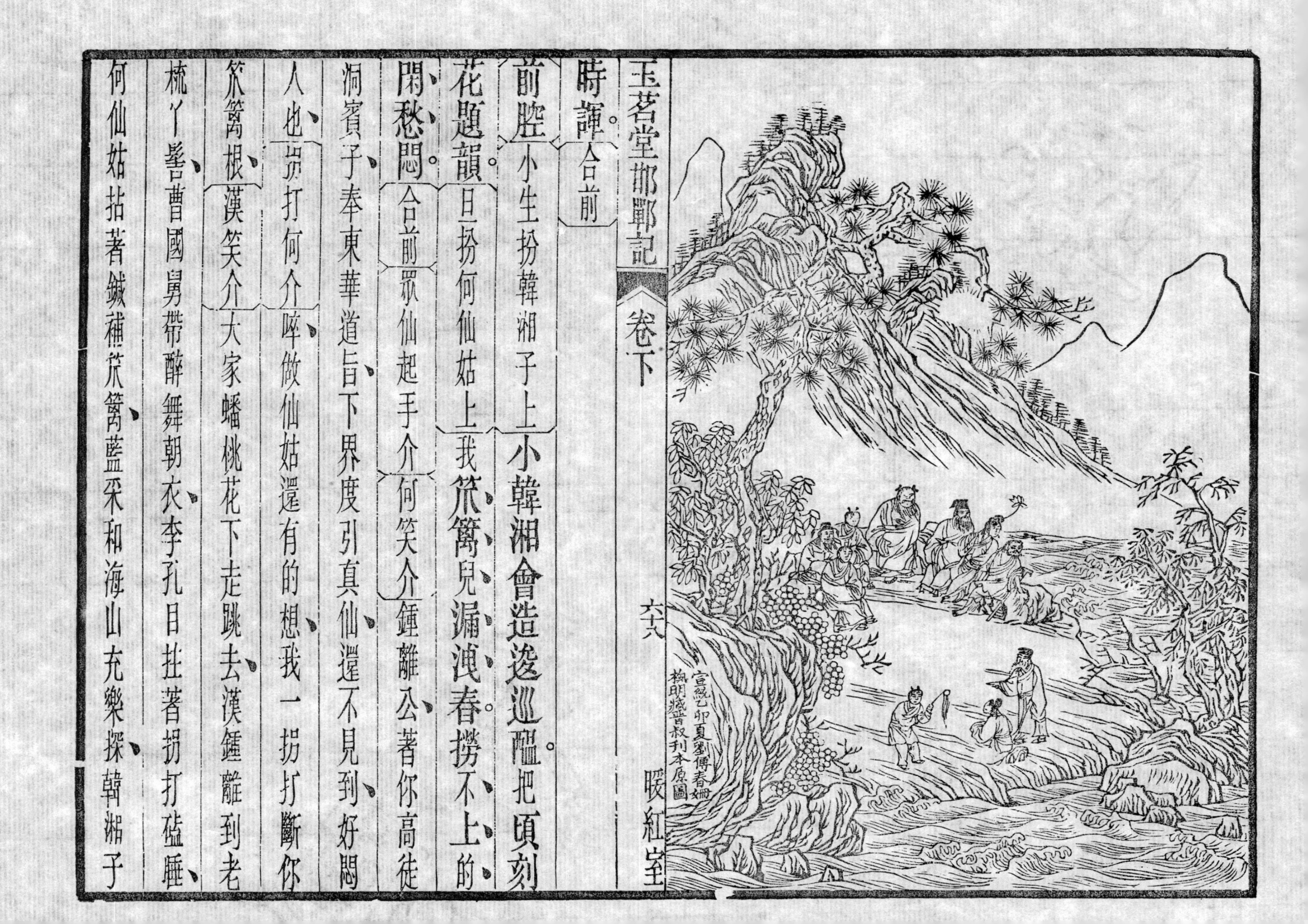

習

風雪染前妻兀那裴果老五是輪的穩算定著呂純陽三醉岳陽回（衆下）

仙呂點絳脣（呂引生上）一片紅塵百年銷盡閑營運夢醒逡巡早過了茶時分（生）師父前面一簇高山流水是那裏（呂）此乃蓬萊滄海大修行之處也（生）那裏有甚麽景致

混江龍（呂）這裏望前征進明寫著碧桃花下海仙門到時節三光不夜那其間四季長春（生）呀望見大海蓬萊方丈了那山上敢也有虎便是這海子又有鯨鼇（呂笑介）就裏這海濤中有三番十五衆鼇魚轉眼

到的那山島上止一斤十六兩白虎騰身（生）海船那裏（呂）你背著師父去（生）怕（介）（呂）你合著眼過去（生）背介一匝眼過了海也（望介）喜的沒有颶風赫赫海子外沒箇州郡淒涼人也（呂）你道是仙人島有三萬丈清涼界全無州郡比你那鬼門關八千里烟瘴地遠惡州軍（生）可有蓊徑的（呂）蓊徑的無過是走傍門提外事貪天小品（生）也有跳鬼的（呂）跳鬼的有得那出陽神拋伎子散地全真（生笑介）呀雲端之下是有人

家、怎生穿紅穿綠、咖的、跛的、老的、小的、是怎的起肯

這等一班人物、（呂）都是你的證盟師了、數你聽、有一箇漢鍾離雙丫髻蒼顏道扮、一箇曹國舅八采眉象簡朝紳、一箇韓湘子棄舉業儒門子弟、一箇藍采和他是箇打院本樂戶官身、一箇拄鐵拐的李孔目帶些殘疾、一箇荷飯笊何仙姑挫過了殘春（生）他們日夜在這所在貴幹、（呂）他們無日夜演禽星看卦氣抽添水火、有時節點殘棋斟壽酒笑傲乾坤（生）這都是生成的神仙、怕修行的不能勾、（呂）雖則是受生門緣

眼睛紅腦子仙風道骨、也恰向修行路拔尾閭通夾脊換髓移筋（生）弟子小可能到此、（呂）你可也有福力開了頭、崔氏宅夫貴妻榮、無業障搨了腳唐家地蔭子遺孫、可是你二三轉身單注著邯鄲道祿盡衣絕、一睫眼猛守的清河店米沸湯渾（生笑介）弟子一生躭閣了箇情字（呂）早則是火傳薪半竈的燒殘情榾柮、卻怎生風鼓鞴一鍋兒吹醒睡餛飩、也因你有半仙之分能消受、遇著我大道其間細講論（望介）（生）兀那來的老者眉毛多長、（呂）眼睜著張果老把長眉毛捻

波瀾

遣情妙

雖不是開山作祖仙分裏為尊

【清江引】（外扮張果上）看蟠桃兩度唐堯運甲子何勞問蓬山好看春只要有神仙分（合）世上人不學仙真是蠢（呂）稽首叫生後跪迎（介）（呂）張仙翁呂巖稽首（張）後面跪的何人（生）前唐朝狀元丞相趙國公盧生叩參（張笑介）請起老國公老丞相這等寒酸了（生）做夢哩（張笑介）可曉夢哩也虧你奈煩了五十年人我是非咤異咤異（生）是也（張）盧生前來（生跪介）（張）你雖然到了荒山看你癡情未盡我請眾仙出來提醒你一

番你一椿椿懺悔者（生應介）眾仙漁鼓簡子唱上介

上鵲橋下鵲橋天應星地應潮響繃繃漁鼓鬧雲樵酒暖金花採著藥苗青童笑玉女嬌火候傷丹細細的調轉河關撒手正逍遙莫把海山春躭悞了（見介）張翁稽首了（何見介）洞賓先生引的這癡答漢來了罵得妙（呂）仙姑恰好蟠桃宴時節哩（生）師父祇說你是同道人原來便是呂洞賓活神仙我拜的著也（張）眾仙真可將他夢中之境逐位點醒他證盟一番方好收度（眾）仙翁主見極明癡人跪下（生跪介）六仙依次責問

喚醒天下人不獨令盧生承認讀者看者各各猛省如認定盧生故事又是癡人前說夢也

癡曰此院本醒

〔介〕

〔浪淘沙〕〔漢〕甚麼大姻親太歲花神粉骷髏門戶一時新那崔氏的人兒何處也你箇癡人〔生叩頭答介〕我是箇癡人

〔前腔〕〔曹〕甚麼大關津使著錢神插宮花御酒笑生春奪取的狀元何處也你箇癡人〔生叩頭答如前介〕

〔前腔〕〔李〕甚麼大功臣掘斷河津爲開疆展土害了人民勒石的功名何處也你箇癡人〔生叩頭答如前介〕

〔前腔〕〔藍〕甚麼大冤親竄貶在烟塵雲陽市斬首潑鮮

新受過的悽惶何處也你箇癡人〔生叩頭答如前介〕

〔前腔〕〔韓〕甚麼大階勳賓客塡門猛金釵十二醉樓春受用過家園何處也你箇癡人〔生叩頭答如前介〕

〔前腔〕〔何〕甚麼大恩親纏到八旬還乞恩忍死護兒孫鬧喳喳孝堂何處也你箇癡人〔生叩頭答如前介〕〔張〕且住盧生被衆仙真數落這一會他敢醒也〔生〕弟子老實醒也〔張〕盧生聽吾法旨你本是邯鄲道儒生未遇稱功名想得成癡幸直著小二店乾坤逆旅過去了八十載人我是非淨醒來端然一夢道人問飯熟

滅曰感傷倍切

丹頭祇道些子

多時、誰口道趙州橋半。仗水漲剛打到丞相府白日

鬼迷。你和那崔氏女、抛殘午夢、虧了洞賓子撥弄天

機。黃粱飯難消、一粒葫蘆藥到用的刀圭垂自壓加

工。水汞自心息、把東金鍊齊心生性、吾心自悟一二

三十二人住持。飢時節和你安鑪作竈、醒了後又怕你

苦出眼鋪眉。叫鐵拐子、把思凡枕葫蘆提挂碎、請仙姑

女、把那殘花帚欄柄子傳題、直掃得無花無地、非爲

罕這其間忘帚忘箕、不是癡那時節騎鸞鶴朝元謁

聖、纔是你跨驢駒入夢便宜。（呂）盧生、領了帚拜謝仙

翁、（生領帚拜介）

玉茗堂邯鄲記 卷下 廿三 暖紅室

沉醉東風（呂）你再不想烟花故人、再不想金玉拖身、

三生配馬驢、一世行官運、碑記上、到頭難認。（漢）富

貴場中走一塵、祇落得高人笑哂、

前腔（生）雲陽市餐刀嚇人、鬼門關掙脫了這殘生、（呂）

這等驚慌、你還未醒、苦戀著三台印、那其間多少冤

親、（李藍）日未矬西早欠伸、有甚麽商量要緊、

前腔（生）做神仙半是齊天福人、海山深躲脫了閑身、

（呂）你掀開肉弔窗、蘸破花營運、賣花聲喚醒迷魂、（韓）

臧曰臨川作傳奇長怪其頭緒太多而邯鄲止三十折當是束於本傳不敢剏出己意故也然使顧道行張伯起諸人為之卽一字一句不能矣

何眼見桃花又一春人世上行眠立盹、（生掃花介）

前腔（除了籍）看秫黍邯鄲縣人、著了役掃桃花閬苑童身、老師父你弟子癡愚、還怕今日遇仙也是夢裡的癡人說夢兩難分畢竟是遊仙夢穩（張）朝東華帝君去（眾鼓板行介）雖然妄早醒、還怕真難認、（眾）你怎生祇弄精魂、便做

清江引（儘榮華掃盡前生分、枉把癡人困、蟠桃瘦作薪海水乾成暈（玲瓏剔透）那時節一番身敢黃粱鍋待滾

北尾（度卻盧生這一人、把人情世故都高談盡則要你世上人夢回時心自村

集（張）莫醉笙歌掩畫堂、（眾）（仙）暮年初信夢中長

唐（呂）如今暗與心相約、（生）靜對高齋一炷香

玉茗堂邯鄲記卷下終

邯鄲記傳盧生遇道士呂翁事長沙楊朋海恩壽詞餘叢話謂自枕中記湯若士演爲院本枕中記者明初谷子敬所作雜劇也會稽陳浦雲棟論曲云南柯邯鄲斂才就範風格遒上前無古人後無來者列朝詩集小傳若士晚年師盱江而友紫柏翛然有度世之志邯鄲記託蹟靈幻陶寫胸中魁壘要於洗滌情塵消歸空有則其微尚所存略可見矣惜原刻本不可得臧晉叔刻本往往彊詞就律不無點竄失真變易廬山面目茲據獨深居本寫付梓人並合汲古閣

本竹林堂本舊刻巾箱本十二種曲本參互讎勘折衷一是其圖畫影橅臧晉叔所刻臧於扮色又獨詳備並爲參酌眉批間亦採錄而以臧曰別之曲牌正襯以葉懷庭譜一一校正信稱善本刻入彙刻傳劇得與還魂紫釵南柯合成一集並行於世庶幾四夢之傳無豪髮遺憾天壤間有此精槧豈非藝林中之一大快事耶況乎黃粱未熟丹枕遽驚而紛紛蝸角蠅頭每於緜弦急競時更安得有此一服清涼散也

宣統乙卯閏夏楚園主人病起漫識

圖書在版編目（CIP）數據

暖紅室彙刻邯鄲記 /（明）湯顯祖著 ；劉世珩輯刻
. -- 揚州 ：廣陵書社，2016.7
（中國雕版精品叢書）
ISBN 978-7-5554-0561-0

Ⅰ.①暖… Ⅱ.①湯… ②劉… Ⅲ.①傳奇劇（戲曲）－劇本－中國－明代 Ⅳ.①I237.2

中國版本圖書館CIP數據核字(2016)第129840號

ISBN 978-7-5554-0561-0

2011—2020年國家古籍整理出版規劃項目
揚州中國雕版印刷博物館藏板

暖紅室彙刻邯鄲記
（中國雕版精品叢書）

著　　者　（明）湯顯祖
輯　　刻　劉世珩
責任編輯　王志娟
出 版 人　曾學文
出版發行　廣陵書社
社　　址　揚州市維揚路三四九號
郵　　編　二二五〇〇九
電　　話　（〇五一四）八五二二八〇八八　八五二二八〇八九
印　　刷　揚州（廣陵書社）雕版印刷傳習所
版　　次　二〇一六年七月第一版第一次印刷
標準書號　ISBN 978-7-5554-0561-0
定　　價　壹仟伍佰圓整（全肆册）

http://www.yzglpub.com　E-mail:yzglss@163.com

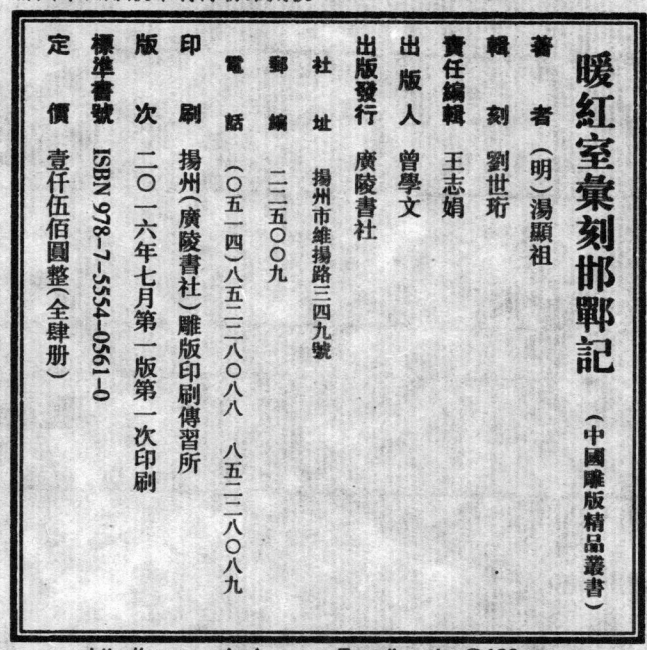